Huhn in Handschellen

Die ersten
Lycopersicon
esculentum

HUHN IN HAND SCHELLEN

Das Knast-Kochbuch mit Rezepten,
die auch in Freiheit schmecken

Mit Tipps von Christa Mälzer

Herausgeber: Justizbehörde Hamburg, Strafvollzugsamt
Zusammenstellung: Kreative Zellen Santa Fu
Illustrationen: Sven Brauer
Text und Textredaktion: Holger Güssefeld
Grafisches Konzept und Art Direktion: Josef Schewe

EDITION TEMMEN

KEINE GNADE

VOR GERICHT

INHALT

SB09

VoRwoRT

von Christa Mälzer

Ein anregender Abend mit Kunst, gutem Essen und Wein war der Auslöser für die Frage an mich, ob ich mir vorstellen könnte, den Insassen von Santa Fu beim Schreiben eines Kochbuchs zu helfen.

Ein Kochbuch aus dem Knast? Wie soll das denn gehen? Neugierig wie ich bin, ließ ich mich auf einen Besuch in der Justizvollzugsanstalt Fuhlsbüttel ein und lernte die Gefangenengruppe kennen, die im Knast die Santa-Fu-Produkte entwickelt. Und ich hörte, dass ein Teil des Erlöses an den Weißen Ring geht: Wiedergutmachung direkt aus dem Gefängnis! Das überzeugte mich dann noch mehr.

Aber warum gerade ein Kochbuch - es ist doch schon alles geschrieben worden? Außerdem konnte ich mir nicht vorstellen, dass man im Knast eigene Rezepte entwickelt und die dann auch noch kochen kann.

Doch dann bekam ich die außergewöhnlichste Einladung zum Essen meines Lebens. Ich durfte den Jungs beim Kochen zuschauen und beim anschließenden gemeinsamen Essen erfahren, wie – unabhängig von der Massenverpflegung aus der Großküche – überall auf den Zellentrakts Gerichte erfunden und zubereitet werden. Und die angenehme Atmosphäre, in der wir da zusammen im Knast am Tisch saßen, machte mir wieder einmal klar, wie sehr doch gemeinsames Kochen und Essen das friedliche Zusammenleben fördert. Etwas Sozialeres gibt es nicht, weder vor noch hinter den Gefängnismauern.

Lassen Sie es sich schmecken!

Ihre

Christa Mälzer

wasser
und
broT
Wer am mich glaubt, wird niemals dürsten
Volvic
wertvoll !!!

EINLEITUNG

von einem Lebenslänglichen

Für viele Jahre hinter Mauern, fremdbestimmt und voll Sehnsucht und Hoffnung, bleibt mir doch eines immer erhalten: Meine kleine Freiheit. Die Freiheit meiner Gedanken – und die Freiheit, meinen Bauch mit allem zu füllen, was ich mag. Denn wir haben hier im Haus IV von Santa Fu die schöne Möglichkeit, uns alternativ zum Essen aus der Großküche selbst etwas zu kochen.
Gut, manchmal ist's für den Bauch nicht viel. Einkauf ist nur alle zwei Wochen, und man verdient wenig im Knast. Da wird aus der Not eine Tugend gemacht. Du kaufst die einen Sachen, ich die anderen fürs gemeinsame Essen. Wenn etwas fehlt, leihen wir es uns.
Zusammen zu kochen schafft manchmal originelle Gerichte. Wenn ein Italiener mit einem Asiaten kocht, entsteht auch mal eine Pizza mit Soja-Sauce. Oder als ich mit einem Körner-Freak kochte, aß ich hinterher eine Pizza, die war mit Vollkornnudeln belegt.
Seit Jahren esse ich fast täglich zusammen mit meinem »Lieblingsitaliener«, und noch nie hat eine Pizza geschmeckt wie irgendeine andere vorher. Mal tun wir Quark in den Teig, mal sieben wir vorher das Mehl und mal nicht, mal rollen wir Streichkäse in den Rand ein, und jedes Mal belegen wir die Pizza irgendwie anders.
Dieses Kochbuch soll darum keine starre Anleitung sein, wie man etwas machen *muss.* Es soll Ideen vermitteln, wie man etwas machen *kann.* Alle Gerichte werden bei uns im Knast gekocht, immer wieder in den unterschiedlichsten Variationen. Probieren Sie sie einfach mal aus. Und schreiben Sie uns, was Ihnen geschmeckt oder nicht geschmeckt hat und was Ihnen an Ideen gekommen ist. Wie Sie die Rezepte ergänzt oder verändert haben. Unsere Adresse finden Sie auf Seite 96.
Zum Kochen haben wir für 25 Leute einen Herd und einen einzigen Topf. Und der Rest? Organisier's dir, leih's dir, improvisier! Heute kein Nudelholz für den Pizzateig da? Kein Problem: Nimm doch die Glasflasche oben auf dem Schrank! … klirr!? … na gut, dann nimm die Thermoskanne! Alles geht, es muss ja. Das stumpfe Messer lässt sich am Tellerboden schärfen, zwei Gabeln zusammen ersetzen den Schneebesen. Improvisieren macht Spaß. Es muss auch nicht immer gelingen. Manchmal lernt man eben, wie man's lieber nicht machen soll. Dazu sind die meisten von uns sowieso hier drin.
Ich hoffe, das Buch wird Ihnen schmecken. Von »Ah, ganz einfach« bis »Ooh, ist das lecker« haben wir versucht, an alles zu denken. Wir entführen Sie nun in unsere Welt, wenn Sie mögen. Was nicht ganz ungefährlich ist. Einige Rezepte machen nämlich süchtig. Dafür haften wir.

Wir wünschen Ihnen nun beim Kochen viel Fantasie im Kopf – und im Topf!

Besten Appetit.
Oliver P.

Lee
Porree oder
Lauch gehört
Zwiebel-

Anz.	Nr.	Warenart	€	Summe
		Übertrag:		
	120	Wrigley- Kaugummi, 15 Stck., Pack.	0,80	
	121	Lakritz-Schnecken, Btl. 200 g	0,95	
	122	Fruchtgummi,Btl. 100 g	0,48	
	123	Erdnußkerne, Ds. 200 g	0,79	
	124	Doppelkeks,Rolle 500 g	1,29	
	125	Butterkeks, Pck. 250 g	0,76	
	127	Schokowaffeln m. Fettgl., Btl. 200 g	1,29	
X	128	Waffelmischung , Btl. 400 g.	1,49	1,49
	128	Gebäckmischung, Btl. 400 g	1,49	
X	129	Knäckebrot, 250 g	1,03	1,03
	130	Paprika-Chips, Btl.	0,69	
	131	Salzstangen, Pck. 250 g	0,65	
	132	Rosinen, Btl. 200 g	0,58	
	133			
	134			
	135	Tortenguß, 3er Pck.	0,30	
	136	Haferflocken, Pck. 500 g	0,44	
X	137	Kellogs Kornflakes, Pck. 500 g	2,7	
		Toilettenartikel:		
	138	Palmolive Seife, Stück 125 g		
	139	Fa-Seife, Stück 125 g		
	140	Nivea-Seife, Stück 125 g		
	141	Seifendose Plastik, Stück		
	142	Fluor- Zahncreme, 125 ml.-		

VOR

Kleinvieh macht auch Mist.

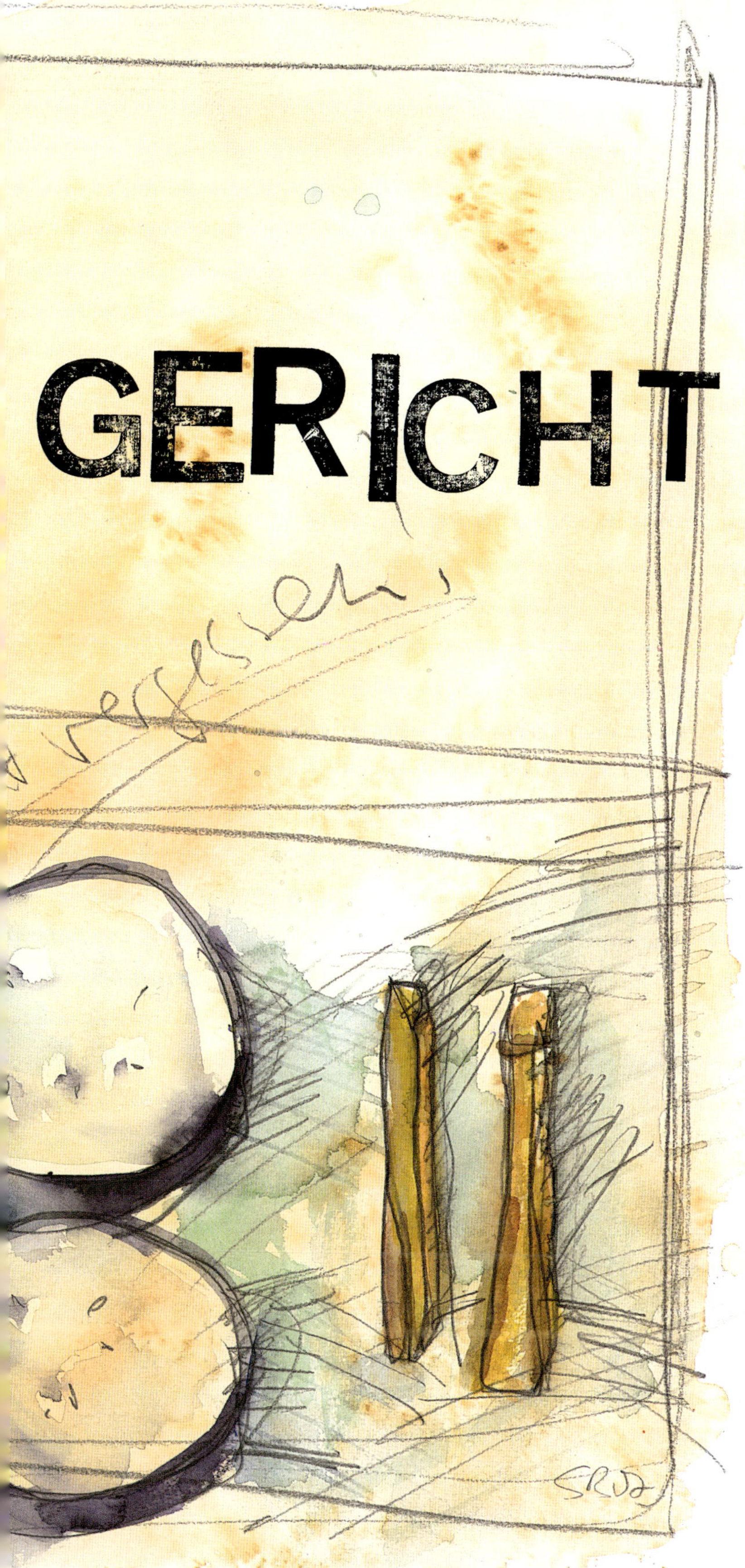

Es ist Sonntagmittag. Seine Zellennachbarn haben ihn »vor Gericht geladen«. Ach Mann, denkt er, wäre das Gericht, vor dem er damals erscheinen musste, doch auch so lecker gewesen: der Richter eine knusprige Auberginenscheibe, der Staatsanwalt ein Brocken Parmesan – er hätte sein Urteil sofort geschluckt.

Ein Knuff in die Seite reißt ihn aus seinen Grübeleien. »Na Alter, schmeckt wie Entlassung, oder?« »Ja, total.« »Ist aber keine. Ist nur was zu futtern. Lasst uns doch auf diese schonungslose Wahrheit alle mal anstoßen.« Die Gefangenen heben ihre mit Leitungswasser gefüllten Becher und Gläser. »Prost Leute. Auf unsere *eigenen* Gerichte!«

2 Zwiebeln
2 Knoblauchzehen
Auberginen
Butter
Hack
w. Wein
Petersilie
1/2 TL Salz
u. Pfeffer
u. kräftiger Rotwein

VIOLETTEN

Gebratene Auberginenscheiben

Im Knast ist es doof, keine Frauen, keine Bars, irgendwie nicht die richtige Stimmung. Da will man wenigstens im Mund mal ne Party haben. Gebratene Auberginenscheiben sind ideal dafür. Sie sind knusprig und saftig zugleich und schmecken so aufregend gut, dass man sie oft gar nicht runterschicken mag, weil sie dann ja weg sind.

Zutaten
2 mittelgroße Auberginen
4 Eigelb
1/2 trockenes, geriebenes Brötchen
4 EL geriebener Parmesankäse (oder anderer geriebener Hartkäse)
Salz und Pfeffer nach Geschmack
Ca. 6 EL Öl (bis der Pfannenboden mit Öl bedeckt ist)

Zubereitung
Auberginen waschen und in 2 cm dicke Scheiben schneiden. Die Scheiben einseitig dünn mit Salz bestreuen, nach 2 Minuten das ausgetretene Wasser abtupfen. Eigelb in eine flache Schüssel geben, in einer zweiten Schüssel Brötchenbrösel, Käse, Salz und Pfeffer mischen.
Auberginenscheiben erst im Eigelb, dann in der Käse-Brot-Mischung beidseitig wälzen. In der Pfanne goldbraun braten.

Tipp von MM Mama Mälzer:
Servieren Sie die köstlichen Scheiben mit würzigem Yoghurt-Dip. Mit dem Rezept »Dicker Jesus« auf Seite 59 können Sie den Dip übrigens in großen Mengen herstellen, selbst wenn Sie nur noch einen Löffel Yoghurt haben.

KÜKEN BRILLE

Eierspaß im Glas

Das »Ei im Glas« ist ursprünglich ein Rezept aus österreichischen Kaffeehäusern, zu dem man ein spezielles Jenaer Glas mit Bügelverschluss braucht, in dem das mit Salz und Muskat gewürzte Ei langsam im Wasserbad erhitzt wird. So ein Kochgeschirr hat aber in Santa Fu kein Mensch. Außerdem richten sich Gesetzesbrecher nicht unbedingt nach Vorschriften, auch nicht aus dem Kochbuch. Die Hamburger »Kükenbrille mit Schnittlauch« hat daher mit dem Wiener Ursprung nicht mehr viel zu tun. Macht aber nichts. Das Fuhlsbütteler Gemuse ist trotzdem ein Genuss.

Zutaten für 1 Person
1 bis 2 gekochte Eier
1 Glas
Salz und Pfeffer
Schnittlauch

Zubereitung
Eier weich kochen (ca. 3 Minuten), abschrecken und pellen. Die Eier in ein Glas geben, Pfeffer, Salz und klein geschnittenen Schnittlauch hinzutun und alles vergnügt zermusen. Dann weglöffeln. Guten Appetit!
Diesen Eierspaß kann man sich auch mit vielen anderen Kräutern und Gewürzen machen: Paprika kommt gut, auch Muskatnuss, auch Senf – einfach mal rumexperimentieren!

10 frische
Eier

SCHAUM SCHLÄGER

Duftig-luftige Eierfrikadellen

Ein italienischer Knacki hat dieses Rezept nach Santa Fu gebracht. Es gilt dort als ziemlich genial. Denn auf der einen Seite macht es satt bis zum Umfallen. Und auf der anderen Seite haben die goldbraunen Bratgebilde eine so luftig-schaumige Konsistenz, dass man sie für leicht hält. Und sofort wie verrückt reinhaut. Uff! Das ist endlich mal ein Vorgericht, nach dem man überhaupt kein Hauptgericht mehr braucht.

Zutaten

6 Eier
60 g frisch geriebener Käse (wenn man hat: Parmesan)
Semmelbrösel aus 2 Brötchen
Salz und Pfeffer
Frisches Basilikum
Butter zum Braten
Tomatenmark

Tipp von MM Mama Mälzer:

Tomaten (Dosentomaten gehen auch) und ein Schuss Sahne verfeinern die Soße. Außer man hat einen Italiener zu Gast. In Italien ist Sahne verpönt.

Zubereitung

Die Eier verquirlen, Salz, Pfeffer, 3/4 der Semmelbrösel und den geriebenen Käse hinzugeben und das klein gehackte Basilikum untermischen. Butter in der Pfanne erhitzen, die zähflüssige Masse mit einem Esslöffel zu Frikadellengröße portionieren und in die heiße Pfanne geben. Von jeder Seite einige Minuten braten. Nebenbei aus Tomatenmark, Wasser, Salz, Pfeffer und etwas Zucker eine Soße herstellen.
Wenn die Frikadellen fertig sind: die Tomatensauce darüber träufeln und mit etwas Semmelbrösel bestreuen.

ZAMBOSA

Afghanische Teigtaschen

Diese Vorspeise war ein Teil des köstlichen Menüs, das ein afghanischer Gefangener aus Anlass des Besuchs von Christa Mälzer in Santa Fu zubereitet hat. Christa Mälzer war von den Teigtaschen so begeistert, dass sie beschlossen hat, sie auch ihren Gästen einmal vorzusetzen.

Für den Teig
250 g Mehl
etwas Salz
1 1/2 bis 2 Tassen Milch
1 Ei

Für die Füllung
250 g Hackfleisch
Salz und Pfeffer
3 Zwiebeln
1 Dose Kidneybohnen (Flüssigkeit abtropfen lassen) oder gelbe Linsen
2 Knoblauchzehen
1 EL Tomatenmark
60 g Lauch
etwas Petersilie oder Koriander

Zubereitung

Teig
Milch, Ei, Salz und Mehl zu einem Teig verquirlen. Den Teig 15 Minuten ruhen lassen.

Füllung
Zwiebel zerkleinern und in einem offenen Topf mit etwas Öl anbraten. Hackfleisch zugeben, bei niedriger Temperatur köcheln lassen. Zerkleinerten Knoblauch, Bohnen (alternativ Linsen), Lauch, Petersilie (alternativ Koriander), Tomatenmark, Salz und Pfeffer dazugeben, alle Zutaten vermischen und die Flüssigkeit einköcheln lassen.

Füllung einsperren!
Den Teig dünn ausrollen, in 5 x 5 cm große Stücke teilen und an den Rändern mit Ei befeuchten. Dann den Teig in der Mitte mit der Füllung belegen. Danach die Teigfladen umklappen und an den Rändern andrücken, bis die Füllung nicht mehr raus kann.

Am Ende die Zambosas in heißem Öl in der Pfanne ausbacken.

Du Käseknöpfen
ist kein Käse!

KÄSEKNÖPFE

Quarkklöße à la Santa Fu

Kein Mensch weiß, warum sie Knöpfe heißen. Wie Knöpfe sehen sie ja wirklich nicht aus. Eher wie unordentliche Grießklöße. Ist es, weil man sie sich einzeln vorknöpft, wenn man Hunger hat? Oder weil sie ohne Sportbegleitung derart dick machen, dass einem die Knöpfe von der Hose springen? Ans Hemd nähen kann man sie sich jedenfalls nicht. Weil sie nämlich keine Knopflöcher haben. Obwohl sie, wenn sie aus Käse sind, ja Löcher haben müssten, wenn man mal schweizerisch denkt. Aber in Santa Fu denkt man knastologisch. Und im Knastologischen ist für viele Gefangene eh alles Quark. Sogar der Käse.

Zutaten
1,25 kg Quark
7 Eier
400 g Mehl
Salz und Pfeffer
Muskat
150 g Speck (durchwachsen)
ca. 100 g Brot, gewürfelt
50 g Butter
Küchenkräuter nach Geschmack

Zubereitung
Den Quark mit Mehl und Eiern vermengen, mit Salz, Pfeffer, Muskat und ggf. Kräutern abschmecken. 2 l gesalzenes Wasser zum Kochen bringen. Mit einem Löffel oder ähnlichem etwa 7 cm große Knöpfe ausstechen und 10 Minuten im Salzwasser sieden lassen. Wenn die Knöpfe im Wasser nach oben kommen: herausnehmen und auf einem Teller im vorgeheizten Backofen bei 150 Grad ca. 25 Minuten nachgaren.
Die Brotwürfel und den Speck in Butter bräunen und über den Knöpfen verteilen. Sättigt sehr!

KEINE
GNADE

Was ist typisch für die Knast-Küche? Vielleicht das Wenn-schondennschon-Prinzip: Wenn schon lecker, dann voll lecker! Wenn schon scharf, dann voll scharf! Wenn schon satt, dann voll satt. Wenn's um den eigenen Bauch geht, kennt der Knacki keine Gnade. Und macht sich'n Essen, das schmeckt einfach gnadenlos gut.

Wenn man die
Kartoffeln
Kocht,
Scheiben
dünn

BRATKARTOFFELN MIT WAS DRIN

Das Gericht der unbegrenzten Möglichkeiten

Es gibt Gerichte, die schmecken immer. Bratkartoffeln zum Beispiel. Auch wenn man nichts hineintut als Kartoffelscheiben, Zwiebeln, Salz und Pfeffer. Köstlich! Allerdings: wer mehr im Kühlschrank hat, Hack zum Beispiel, oder Petersilie, oder Tomaten, oder ein Ei – nicht zögern, einfach rein damit! Bratkartoffeln haben geschmacklich keine Feinde. Und sind so einfach zu brutzeln, dass man sich jederzeit auch an ein richtiges Bauernfrühstück heranwagen kann.

Hier erstmal die Bratkartoffeln à la Olli (sitzt jetzt im 8. Jahr):

Zutaten für 2 Personen
8 mittelgroße gekochte Kartoffeln
200 g Speck oder Hack
1 Zwiebel
1 EL Öl
Schnittlauch oder Petersilie
Salz und Pfeffer

Zubereitung
Fett in einer Pfanne erhitzen, die in Scheiben geschnittenen Kartoffeln ins heiße Fett geben. In Ringe geschnittene Zwiebeln mit Speck oder Hack zugeben und mit den Kartoffeln ca. 4 Minuten braten. Die Kartoffelscheiben sollen an den Rändern braun, aber nicht verbrannt sein. Mit Salz und Pfeffer abschmecken, auf einen Teller geben und mit Schnittlauch oder Petersilie garnieren.

Tipp von MM Mama Mälzer:
4 Eier schlagen, mit Pfeffer und Salz würzen und über die Kartoffeln geben – dann wird's zum Bauernfrühstück. Wer will, kann noch 'ne Gewürzgurke hineintun.

And now…
the flying Burger!
SB02

UBOs

Unbekannte Brat-Objekte

Wissen Sie, wie viele unterschiedliche Frikadellen-Rezepte es auf der Welt gibt, und wie viele Frikadellen ganz ohne Rezept einfach in die Pfanne hinein improvisiert werden? Vor allem im Knast! Da ist man extrem angstfrei beim Kochen, da ist es kein Drama, wenn mal was nicht schmeckt. An manchen Tagen schmeckt einem schließlich das ganze Leben nicht, auf ein paar verbrannte oder allzu schräg gewürzte Frikadellen kommt es da einfach nicht an. Nächstes Mal macht man's eben besser. Und wer zehn oder zwanzig Jahre lang sitzt, hat sowieso einige tausend Versuche frei. Und gute Chancen, von den Mitgefangenen irgendwann zum UBO-Kommandanten ernannt zu werden.

Das folgende einfache Rezept soll daher bitte nicht als das ideale Frikadellenrezept verstanden werden – das gibt es nicht – sondern als Bodenstation für Ihre UBO-Reisen in persönliche Geschmackswelten – Reisen mit Zimt und hinein geriebenen Möhrchen zum Beispiel – oder mit untergemischten Schafskäsewürfeln – oder überbacken mit Tomaten und Käse…
Guten Flug! Sie haben noch zehntausend Versuche.

UBO-Grundrezept von Sven:

Zutaten für 2 Personen
250 g Hack
1 Ei
3 alte Brötchen
1 Zwiebel
1 Knoblauchzehe
1 EL Öl
Salz und Pfeffer

Tipp von MM Mama Mälzer:

Ich tu immer etwas Senf und ein bisschen Curry mit in den Hackteig. Und nehme auch mehr Hack und weniger Brot als in dem angegebenen Rezept. Aber das kommt möglicherweise daher, dass ich nicht so aufs Geld achten muss wie der Gefangene Sven.

Zubereitung
Brötchen im Wasser einweichen und in einem Tuch auspressen. Mit Hack, Ei, gehacktem Knoblauch, gewürfelter Zwiebel, Salz und Pfeffer in einer Schüssel kneten und zu flachen, handtellergroßen Frikadellen formen. In der Pfanne in Öl braten bis sie braun, aber nicht angebrannt sind. Und dann – hmmm – extra scharfen Senf drauf!

lieb + teuer!
rustikal
wara
rustikal
275g
Auch Knäckebrot muss beim Knastkaufmann für viel Geld erworben werden

LOLA KABAB

Afghanische Hackröllchen

Es stehen drei afghanische Rezepte in diesem Buch. Das liegt daran, dass zu der Gruppe der »Kreativen Zellen«, die das Buch zusammengestellt hat, der Häftling Nasir aus Afghanistan gehört, der hervorragend kochen kann. Und ein großartiger Gastgeber ist gegenüber seinen Mitgefangenen. Wir hätten echt ein ganzes afghanisches Knast-Rezeptbuch mit ihm machen können. So sind es »nur« drei geworden. Aber die sollte man unbedingt probieren!

Zutaten

500 g Hackfleisch
3 Zwiebeln
1 Ei
1 EL Mehl oder zerkrümeltes Knäckebrot
3 Knoblauchzehen
30 g Butter
1 EL Tomatenmark
50 g frische Petersilie oder Koriander
1 Messerspitze Zimt
100 g gekochte Kartoffeln
Pfeffer, Salz, Paprikapulver

Dank von MM Mama Mälzer:

Dieses Gericht gehörte zu dem großartigen Essen, zu dem ich im Gefängnis eingeladen wurde. Danke, Nasir.

Zubereitung

Zwiebeln und Petersilie (oder Koriander) klein hacken, Knoblauch und Kartoffeln grob zerpressen und alles zusammen mit den weiteren Zutaten und dem Hackfleisch vermischen. Die Masse mit feuchten Händen zu gleichmäßigen Rollen formen, in eine Backform geben und mit Butter überstreichen. Im vorgeheizten Backofen bei 180 Grad überbacken. Nach 15 Minuten wenden und nochmals 15 Minuten backen. Mit Salat servieren, zum Beispiel frischem Löwenzahn oder Giersch. In Santa Fu wächst er auf dem Gefängnishof und in den Mauerritzen. Und bei Ihnen?

PAPRIKA GRANATA

Paprikas mit einer bombigen Füllung

Gefüllte Paprikas sind bei Gefangenen ein Dauerhit, das erzielte Geschmacksvergnügen aus Paprika, Hackfleisch, Zwiebeln und Tomaten ist absolut »Granate«. Daher kommt der Name. Und nicht weil Gefangene mit Granaten um sich schmeißen oder auch nur damit liebäugeln. Das nur mal so zur Kenntnis.

Zutaten für 4 Personen
500 g Hackfleisch
4 bis 6 große Paprika
1 Tasse Reis (ungekocht)
3 mittelgroße Zwiebeln
1 kleine Dose geschälte Tomaten
1 TL Oregano
2 EL mittelscharfes Paprikapulver
1 TL Pfeffer
2 EL Salz
125 g Butter oder Margarine

Tipp von MM Mama Mälzer:

Ich nehme keinen rohen, sondern gekochten Reis für die Füllung. Den Topf, in den ich die Paprikas stelle, fülle ich mit nur wenig Wasser, in das ich Tomatenmark, Salz und Pfeffer rühre. Am Ende der Garzeit koche ich den Sud ein und verfeinere ihn mit saurer Sahne (oder Schmand) zu einer köstlichen Soße.

Zubereitung
Die Paprikas köpfen, entkernen und auswaschen. Das Hackfleisch in eine Schüssel geben. Reis, Paprikapulver, Pfeffer, Salz und Oregano hinzugeben, die geschälten Tomaten abtropfen lassen, klein schneiden und auch hinein geben, ebenso wie die in kleine Würfel geschnittenen Zwiebeln. Alles gut vermengen und kräftig durchkneten. Am Ende die Paprikas bis zum Rand mit der entstandenen Masse füllen.

Danach die gefüllten Paprikas in einen Topf stellen und den Topf mit Wasser füllen, bis die Paprikas leicht bedeckt sind. Auf jede Paprika ein Stück Butter oder Margarine geben. Dann alles bei mittlerer Hitze und mit leicht geöffnetem Deckel 45 bis 60 Minuten garen. Sobald der Reis in der Mitte gar ist, die Paprikas mit einer Schaumkelle aus dem Topf nehmen und servieren.

Als Beilage nimmt man am besten Reis.

maF

tOrte

Zutaten für 2 Personen

Teig
250 g Mehl
Backpulver
1/8 Liter Wasser oder Milch
3 EL Olivenöl
Pfeffer, Salz, Zucker

Tomatensoße
5 reife Fleischtomaten
oder 1 Dose Tomaten
3 kleine Zwiebeln
1/2 Bund Basilikum
2 Knoblauchzehen

Belag
Champignons, Mozzarella, Thunfisch, Schinken, Salami, Paprika, Sardellen, Muscheln – die Variationsmöglichkeiten sind unendlich. Allerdings nicht im Knast. Da legt man oft einfach drauf, was man gerade noch im Kühlfach hat. Manchmal ist das recht wenig. Das Fach ist nicht größer als ein Schuhkarton, Gemüse hält sich oft nicht frisch, wenn man es nur alle 14 Tage kaufen kann, und der Nachbar hat vielleicht auch gerade nichts zum Tauschen. Vielleicht ist das der Grund, dass man soviel Wert auf den Teig legt. Er muss auch ohne Belag schmecken.

MAFIA TORTEN

Pizzas in allen Variationen

Tiefkühlpizzas? So was Einfallsloses gibt es im Gefängnis nicht! Erstens bietet der Anstaltskaufmann sie nicht an. Zweitens wären sie, wenn er sie denn im Sortiment hätte, zu teuer. Drittens haben Gefangene eh keine Tiefkühlfächer. Und viertens sind die Insassen von Santa Fu so an die Qualität ihrer selbst gemachten Pizzas gewöhnt, dass sie überhaupt keinen Fertigteig verwenden, nicht einmal ungekühlten. Pizzas aus Santa Fu könnten ein kulinarischer Renner werden. Wenn man sie denn rausslassen würde.

Zubereitung des Teigs
Mehl mit Backpulver, Wasser oder Milch und Olivenöl zu einem Teig verkneten, bis er sich von den Fingern löst. Eine Kugel formen. Teig in geölte Klarsichtfolie einschlagen und 30 Minuten bei Raumtemperatur ruhen lassen. Dann den Teig auf einer mit Mehl bestäubten Fläche mit einem Nudelholz drei, vier Millimeter dick ausrollen und im gewünschten Durchmesser ausstechen.

Zubereitung der Tomatensoße
Klein geschnittene Tomaten mit Zwiebeln, Knoblauch und einem Teil der Basilikum-Blätter zum Kochen aufsetzen. Die Tomatensoße mit Salz, Pfeffer und Zucker anwürzen. So lange kochen lassen, bis ein dicklicher Brei entstanden ist.

Belegen und backen
Tomatensoße gleichmäßig auf der Pizza verteilen und einfach draufpacken, was einem schmeckt. Und ganz oben drüber natürlich eine Schicht Käse.

Hinweis von MM Mama Mälzer:
Wundern Sie sich über das Backpulver? Das ist knast-typisch. Hefe ist verboten, weil man damit Schnaps brennen kann, und mit Backpulver geht der Teig schließlich auch auf.

Extra-Tipps des Gefangenen Oliver P.:

- Quark reinmischen, der Teig wird dann saftiger und cremiger
- Basilikum oder Vegeta (im Knast sehr beliebtes Kräutergewürz) in den Teig geben – dann schmecken auch die Ränder
- Der Teig schmeckt am besten, wenn er mit lauwarmem Wasser angerührt wird
- Einige Zellengenossen nehmen Mineralwasser, damit der Teig noch lockerer wird. Ich finde das unnötig – und zu teuer
- Wenn man Frischkäse oder auch Streichkäse in den Rand einrollt und mitbackt, schmeckt der Rand köstlich und bleibt niemals mehr liegen.

Fusilli

PASTA DEPRESSIVA

Nudeln mit Zwiebeln und Chili

Im Knast sitzen viele selbst ernannte »knallharte Kerle«, deren Tränen einfach nicht fließen wollen, selbst wenn ihnen noch so sehr zum Heulen zumute ist. Dabei tut Heulen manchmal richtig gut. Diese Pasta hilft ihnen, ihre Tränen zu lösen. Zuerst beim Schneiden der Lauchzwiebel (die aber nicht direkt aus dem Kühlschrank kommen darf, wenn sie was bewirken will). Danach beim Schneiden der Chilis, weil man sich wegen der immer noch nachwirkenden Zwiebel nun instinktiv mit Chili an den Fingern die Augen reibt. Und als letztes beim Essen, das einem mit gnadenloser Schärfe den dritten Schwall Tränen in die Augen treibt. Danach öffnen sich die Schleusen wie von selbst, und der ganze angestaute Tränenfluss kommt heraus mitsamt des Kummers. Jedenfalls theoretisch.

Zutaten für 1 Person

Genügend Pasta, Sorte egal
Mindestens 2 Chilischoten
1 kleine Lauchzwiebel
3 EL Olivenöl
Parmesan
Salz und Pfeffer

Zubereitung

Die Lauchzwiebel würfeln. Die Chilischoten entkernen und in dünne Streifen schneiden. Die Nudeln in einem Topf mit kochendem Salzwasser und etwas Olivenöl »al dente« kochen. Die gekochten Nudeln auf einem Teller anrichten, Chili und Zwiebel darüber geben und mit Olivenöl beträufeln. Mit Salz und Pfeffer abschmecken und Parmesan drüber streuen.

Tipp von MM Mama Mälzer:

Kopf hoch!

Heringsfilets
in Tomatensauce
Wefia
200 g
Yabby
DoSEFrasS
Zutaten: Heringsfilets (60%), Tomaten
Wasser, Pflanzliches Öl, Brantwei
Zucker, jodiertes Speisesalz

SPAGHETTI EXTRA ORDINÄR

Spaghetti mit gequältem Fisch

Ja was soll man denn machen, wenn man das Knastessen aus der Kantine stehen gelassen hat und einem nun der Magen auf halb acht hängt und man unbedingt was Warmes in'n Bauch will und nur noch 'ne handvoll Spaghetti, 'ne halbe Zwiebel und 'ne Dose Fisch sein eigen nennt? Ganz einfach: cool bleiben und das Ding voll kulinarisch durchziehen. Und dabei immer mal dran denken, dass so ein Gericht im Hungerwinter 1946/47 für die meisten Deutschen das schönste Weihnachtsessen gewesen wäre.

Zutaten für 1 Person
Genügend Spaghetti
1/2 Zwiebel
1x Hering in Tomatensoße (aus der Dose)
Salz und Pfeffer

Zubereitung
Die halbe Zwiebel würfeln, die Fischdose im Wasserbad erwärmen (nicht kochen, sonst fliegt Ihnen beim Öffnen die Dose um die Ohren!) und die Spaghetti in Salzwasser »al dente« kochen. Die Spaghetti auf einem Teller anrichten, zuerst die gewürfelte Zwiebel und dann den warmen Tomatenfisch darüber geben. Mit Salz und Pfeffer abschmecken.

Tipp von MM Mama Mälzer:
Falls Sie dieses Gericht weniger überzeugt: statt Spaghetti können Sie auch einfach Schwarzbrot nehmen. So wie ich.

FRIEDENSPFANNE

Die Reispfanne, in (und mit) der sich alles verträgt

Man muss sich vorstellen, im Knast gab's Zoff, zwischen zwei oder noch mehr Gefangenen. Und nun soll wieder Frieden einkehren. Was tun? Da gibt es ein beliebtes, gut funktionierendes Ritual. Man kocht und isst zusammen. Eine Friedenspfanne mit Reis. Jeder bringt was mit und tut es dazu: Pute, Schwein, Huhn, Zwiebeln, Gemüse – tausend leckere Möglichkeiten gibt es. Das folgende Rezept ist nach allen Seiten offen, und auch das Rindfleisch darin ist nur eine Variante.

Tipp von MM Mama Mälzer:

Eine noch stärkere asiatische Note bekommt das Gericht durch geriebenen Ingwer und Koriander statt Petersilie.

Zutaten

Mengen nach Gefühl:

Mageres Rindfleisch (gern auch aus der Dose)
Sojasoße
Pflanzenöl
Etwas Speisestärke
Ein bisschen Zucker
Salz
Pfeffer
Sojasprossen, frisch oder aus dem Glas
Zwiebeln
Porree
Reis
Gemüse, das man gerade hat, z. B. Champignons, Karotten, Paprika und Erbsen
Gehackte Petersilie
Gehackte Chilischote oder scharfe Peperoni

Zubereitung

Fleisch in dünne Stücke schneiden. Sojasoße mit gleicher Menge Öl und Speisestärke verrühren und mit Salz, Pfeffer und Zucker würzen. Fleischstücke 30 Minuten darin liegen lassen. Währenddessen das Gemüse putzen, waschen und schneiden, Porree und Zwiebeln ebenfalls schneiden. Sojasprossen abtropfen lassen. Den Reis zubereiten.

Das Fleisch aus der Marinade nehmen, abtropfen lassen und in einer Pfanne in heißem Öl kräftig anbraten. Dann das Fleisch aus der Pfanne nehmen und warm stellen. Danach die Marinade in die Pfanne gießen und zum Kochen bringen. Das Gemüse dazugeben und 6 Minuten garen. Das Fleisch dazugeben und einige Minuten miterhitzen. Mit Salz und Pfeffer würzen. Mit dem Reis servieren.

CALDEIRA DE CARNE

Portugiesischer Hammeltopf

Wer auf dem Egotrip ist und sich ganz allein den Bauch vollhau'n will, darf niemals diesen Eintopf kochen. Sein Duft streicht sofort unter allen Zellentüren hindurch, kitzelt jede Nase wach, weckt Begehren in jedem mitverurteilten Bauch. Und eh man sich's versieht stehen lauter »Gäste« um den Topf, die alle so tun, als ob sie total am Verhungern sind. Wenn man da hart bleibt und nicht einmal ein Löffelchen probieren lässt, kann's passieren, dass der Eintopf zur Suppe wird. »Mann, spinnst du, was machst du denn da?« »Ich kipp nur'n Liter Gerechtigkeit hinein, für deine persönliche Resozialisierung. Hee, Mario, hol mal fünf tiefe Teller!«

Zutaten

1/2 kg Hammel- oder Lammfleisch in kleinen Stücken
Kartoffeln nach Gefühl und in Scheiben
3 Tomaten in Scheiben (Dosentomaten geh'n auch)
5 Zwiebeln in Scheiben
2–3 zerhackte Knoblauchzehen
1 Bund gehackte glatte Petersilie
1 Lorbeerblatt
Salz und Pfeffer
1 Nelke
1 Messerspitze Cayennepfeffer
5 EL Öl
1 in Scheiben geschnittene Zitrone
2 EL Butter

Tipp von MM Mama Mälzer:

Dieses Gericht kann man auch sehr gut mit Geflügelfleisch zubereiten. Außerdem verwende ich gern ganze Knoblauchzehen und dann ein paar mehr.

Zubereitung

Tomaten, Lorbeerblatt, Petersilie, Knoblauch, Salz, Pfeffer und Nelke vermischen und kurz ziehen lassen. Öl im Topf erhitzen, Zwiebeln hinein geben, Fleisch, Kartoffeln und Tomaten schichtweise darauf legen. Zitronenscheiben mitgaren und das Gericht ca. 45 Minuten kochen lassen. Am Ende Butterflöckchen draufgeben.

HUHN IN HAND-SCHELLEN

Festschmaus zum Jahrestag der Verurteilung

Im Knast gibt es wenig Grund zum Feiern. Also feiern Häftlinge, die über Galgenhumor verfügen, auch die bedauerlichen Anlässe mit. Den Tag des Erwischtwerdens z. B. mit »Versteckte Würstchen«. Das sind Würstchen mit Sauerkraut und Kümmel im Blätterteig. Oder den Tag der Einlieferung mit Gitter-Kuchen: einfach vorm Backen ein paar Teigstreifen als Gitter über die Apfelschicht legen. Auch das »Huhn in Handschellen« ist so ein Festessen mit Träne im Knopfloch. Was nicht heißen soll, dass Sie eine vergießen müssen, um den Vogel knastgerecht zu salzen. Aber kurz mal zuprosten könnten Sie den Santa Fulern schon, wenn Sie dem Tier die Fußfesseln lösen. Die sind dann mit ihrer Party nicht so allein …

Zutaten
1 Poularde
6 Lauchzwiebeln
100 g frische Champignons

Zubereitung
Lauchzwiebeln auf »innere Huhnlänge« kürzen, Champignons putzen und das Tier mit beidem füllen. Dann schnell hinten zunähen und Beine fesseln, damit es nicht flieht. Danach die Poularde von außen mit ein wenig Öl einreiben, mit Salz, Pfeffer und Paprikapulver würzen und in den Ofen schieben. Wenn sie schön golden und knusprig ist, ist sie gut.

Serviervorschlag
Servieren Sie den leckeren Delinquenten in einer Mauer aus Kartoffelecken, die einmal um den Teller läuft.

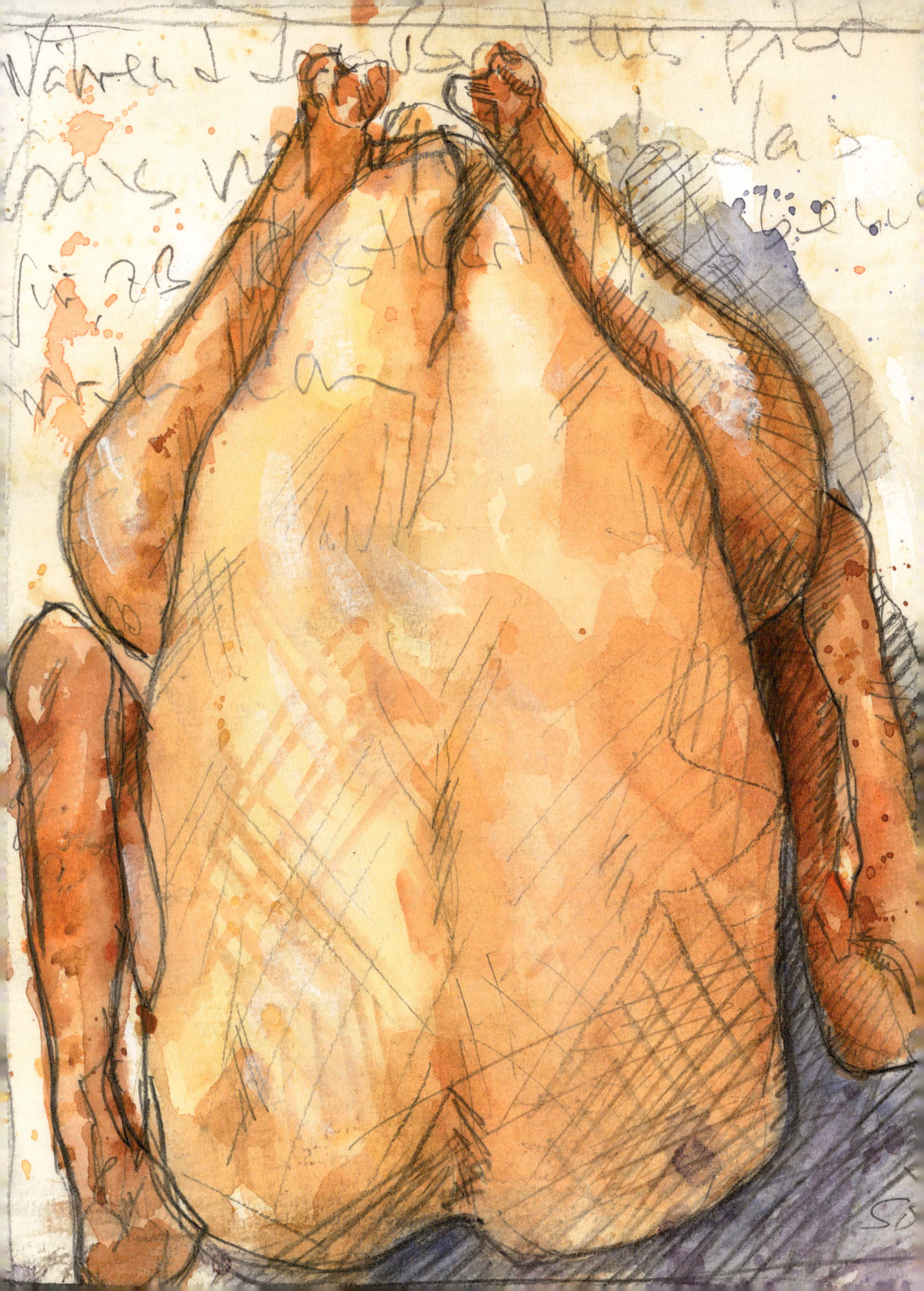

HOHES GERICHT

Gänsebraten mit Rotkohl und Klößen

Die Gefangenen saßen stumm vor ihrem Gänsebraten. Kalle stand auf: »Das Hohe Gericht bittet Sie, sich zu erheben.« Dann standen alle auf und sangen ein Weihnachtslied. Kalle sang mit geschlossenem Mund. Er hatte mal im Zirkus als Bauchredner gearbeitet. Einer rieb sich verschämt ein Auge. »Ihr könnt euch setzen« sagte Kalle, jetzt die Lippen bewegend, »es war ein Fehlurteil, das Hohe Gericht selbst ist schuldig, es muss zur Strafe aufgegessen werden.« Die Gruppe haute begeistert rein, die Stimmung wurde gelöster von Bissen zu Bissen, und wenn man sonst Weihnachten immer einen Kloß im Hals gehabt hatte vor trauriger Erinnerung, hatte man ihn diesmal vorne im Mund, mit Rotkohl und krosser Gänsehaut und – »So Leute, aufessen, in fünf Minuten ist Einschluss!« rief der Vollzugsbeamte! Still beendeten die Männer ihr Mahl. Kalle stand als erster auf, dann erhoben sich auch die anderen, und alle gingen zu ihren Zellen. Bevor Kalle die Tür schloss, sagte er noch, wieder ohne den Mund zu öffnen: »Das Hohe Gericht zieht sich zur Verdauung zurück.« Und der dicke Kurt musste dabei so lachen, dass er laut einen Furz ließ. Alles wieherte drauf los, auch der Vollzugsbeamte. Dann schlossen sich die Türen. Es war doch noch ein schönes Weihnachten geworden.

Zutaten für 6 Personen

1 Gans, mittelgroß
2 Äpfel
2 große Zwiebeln
150 g Rosinen
Salz, Pfeffer (weiß)
1 TL Oregano
Zucker
75 ml roter Traubensaft

Tipp von MM Mama Mälzer:

Statt Oregano Beifuß verwenden. Das macht die fette Gans bekömmlicher. Außerdem: das ausgetretene Fett der Gans im Kühlschrank erstarren lassen und als Gänseschmalz lecker auf Schwarzbrot essen.

Zubereitung

Die Gans waschen, mit Küchenpapier trocken tupfen, dann von innen und außen mit Salz und Pfeffer würzen. Die Äpfel und Zwiebeln würfeln, mit dem Oregano und den Rosinen vermengen und die Gans damit füllen. Die Gans in einen Bräter geben und zwei Stunden bei 160° auf der untersten Schiene des Backofens braten. Danach die Gans noch weitere 30 Minuten im Ofen lassen und bei 180° bräunen. Zum Glasieren den Zucker karamellisieren, den roten Traubensaft hinzu geben und alles gut verrühren. Dann die Gans aus dem Ofen nehmen und mit der Glasur bestreichen. Rotkohl und Klöße als Beilagen reichen.

Vor dem Braten sollte man
die Auberginen Salz
bestreuen.
Tolles Gemüse.

Süsses und Scharfes gehen eine heisse Liaison ein.
Vor dem Zubereiten sollte die Haut entfernt werden

MILDERNDE
UMSTÄNDE

Es gibt Mitgefangene, die sollte man lieber nicht einladen, aber irgendwie lässt man sich wieder breitschlagen, und dann geht's auch schon los. Kaum sind sie am Tisch, sitzen sie schon über das Gericht zu Gericht: Zu scharf, zu fad, zu roh, zu fett, zu zäh - abführen! Schreckliche Leute. Beruhigend, wenn da wenigstens die Knoblauchmayonnaise oder der Gefängnishofsalat mildernde Umstände liefern.

Vor der Rasur...

KOLLEGE BACKSTEIN

Das tolle Quarkteigbrötchen, das zu allem passt

Das ideale Knastgericht ist einfach, lecker und macht total satt. So wie diese duftenden, goldbraunen Backsteine. Die außerdem noch schön süß sind. In einer Welt, in der man bitter wird, weil man zu versauern droht, kommt Süßes verdammt gut an.

Tipp von MM Mama Mälzer

Statt Rosinen getrocknete Kräuter hineinmischen, dann hat man eine leckere Beilage, die hervorragend zu Suppen passt und auch sonst zu den meisten Gerichten. Besonders Soßen kann man prima damit stippen. Und wer's lieber süß mag: ordentlich Marmelade drauf, dann wird es noch süßer!

Zutaten

250 g Speisequark
250 g Mehl
1 Ei
1 Eigelb
1 EL Zucker
Salz
1 Pck. Backpulver
1–2 EL Pflanzenöl
Evtl. Rosinen

Zubereitung

Backpulver, Zucker und Salz in das Mehl geben und mit dem Quark und dem Ei vermengen. Etwas Öl (und die Rosinen) hinzugeben und gut durchkneten. Kleine ca. 8 cm große Kugeln formen und auf ein mit Backpapier belegtes Backblech legen. Zuletzt die Brötchen an der Oberseite mit Eigelb bestreichen. Bei 175 Grad 20 bis 30 Minuten im Ofen backen.

DICKER JESUS

Die Milch, die sich selbst in Yoghurt verwandelt

Angenommen Sie haben am nächsten Tag türkische und afghanische Gäste aus den Zellen nebenan und möchten ihnen zum Essen orientalische Yoghurtsoße servieren. Ihr Problem ist nur: Sie haben bloß noch einen Löffel Yoghurt im Becher und können im Knast nur alle 14 Tage einkaufen. Allerdings haben Sie noch Milch. Und damit ist Ihr Problem schon gelöst. Mit einer Methode, die an die Speisung der zehntausend in der Bibel erinnert. Daher auch der Name: Dicker Jesus.

Tipp von MM Mama Mälzer:

Mit Salz, Zitronensaft, Knoblauch und evtl. Kräutern wird es zu einem köstlichen Dip. Der passt z. B. zu den Violetten auf Seite 15. Und auch die würzigen Backsteinkollegen schmecken toll damit.

Zutaten

Milch je nach benötigter Menge
1 EL Yoghurt
evtl. ein kleines Stück Butter

Zubereitung

Die gewünschte Menge Milch (mit der Butter) unter ständigem Rühren erhitzen und kurz vor dem Kochen von der Herdstelle nehmen. Die Milch darf nicht anbrennen. Evtl. einen kleinen extra Topf dafür verwenden, der in einem größeren, mit Wasser gefülltem Topf schwimmt.

Die Milch nun in einem Wasserbad auf lauwarme Temperatur herunterkühlen und einen Esslöffel Yoghurt kurz unterrühren. Sofort die Milch in Einweckgläser abgießen und ohne Bewegung einen Tag ruhen lassen. Allerdings darf dann der Revisionsbeamte nicht kommen, der die Zellen auf unerlaubte Dinge untersucht. Der rüttelt an allem, und die Milch muss absolut ruhig stehen, um sich in Yoghurt zu verwandeln.

KNACKIS LIEBSTE

Die eierlose Knoblauchmayonnaise, die jeden Bissen zum Erlebnis macht

Mayonnaise macht man normalerweise mit Ei. Das Problem ist nur, dass Ei schnell verdirbt, besonders in der warmen Jahreszeit, und man dann alle paar Tage neue Mayonnaise herstellen muss, wenn man sie so gerne mag. Und man mag sie im Knast sehr, sehr gern. Sie gibt schön viel Geschmack für wenig Geld und macht auch das langweiligste Stück Brot, das man noch im Schrank hat, zu einem kleinen Leckerbissen. Und wenn man das Brot dann vorher noch röstet … hmmm …

Zutaten
3 Eierbecher Milch
2 Prisen Salz
1 bis 5 Knoblauchzehen (je nach Geschmack)
Pflanzenöl

Zubereitung
Milch in eine Tasse geben, Knoblauch pressen und dazu geben, das Ganze durchrühren (Rührgerät auf höchste Stufe) und dabei langsam Öl dazu träufeln lassen. Die Mayonnaise ist fertig, wenn die gewünschte Festigkeit erreicht ist.

Tipp von MM Mama Mälzer:
Einfach ein Klacks davon auf den Teller, bevor man die »Caldeira de Carne« auffüllt: ganz hervorragend!

Wächst als Unkraut
am Wegesrand
Giersch schmeckt
leicht nach Peter
silie, hat einen
leicht scharfen
Nachgeschmack
vom Löwenzahn sollte man nur
die jungen Blätter nutzen
S. Brauer 06

FRISCH VOM GEFÄNGNISHOF

Wildsalat von Löwenzahn, Hühnerschwarm* und Giersch

Löwenzahn, Giersch und Hühnerschwarm: als Unkraut verschrien, als Salat von der modernen Küche gefeiert! Auch auf dem Gefängnishof bahnen sich diese »Stadtstreicher unter den Kräutern« aus kleinen Mauerritzen und zwischen Steinplatten hindurch ihren Weg. Dem Gefangenen gefällt das, er bewundert den Kampfgeist dieser Pflanzen, die überall durchkommen, die sich nicht unterkriegen lassen, genau wie er, und macht sie schon aus reiner Sympathie zu Salat. Der ist zwar, weil er nur aus Wildkräutern besteht, ziemlich herbe, eventuell sogar leicht bitter, aber gerade das gefällt ihm: man schmeckt das Leben …

Übrigens: wenn er auf einer der kleinen Grünflächen ein Gänseblümchen findet, tut er es in den Salat mit hinein. Gänseblümchen sind nämlich essbar und sehr dekorativ, wenn man Gäste hat. Und außerdem ist der hier beschriebene Knacki Romantiker.

Rezept für MM's Soßen-Tipp

Zutaten
1 TL Senf
Salz
Pfeffer
1 Prise Zucker
2 EL Weißer Balsamico
Olivenöl

Tipp von MM Mama Mälzer:
Nur frische junge Blätter nehmen. Und als Soße ruhig eine kräftige mit Senf.

Zubereitung
Alles kräftig zu einer Marinade verrühren und gut unter den Salat mischen. Hervorragend!

* bekannter unter dem Namen Vogelmiere

WEIZEN
MEHL

SÜSSER
TROST

Gerade hinter Gittern, wo neben dem Fernsehgenuss und dem Aufbau der eigenen Muskelmasse nur wenige Möglichkeiten der Freizeitgestaltung bleiben, ist die dem Zucker nachgesagte stimmungsaufhellende Wirkung sehr begehrt. Stark gesüßter Kaffee und Tee, Schokolade jeder Art und Sorte, Kuchen und Kekse werden von vielen Gefangenen heiß geliebt. Die Kraftsportler setzen zwar mehr auf Eiweißkonzentrate, aber – warum ein Sixpack mit sich herumtragen, wenn man sich ein Bierfass anzüchten kann?

Seltener Hochgenuss –
Flambiert?
Flammeri sind besonders zu Festtagen beliebt

FLAMMERI

Ein Flammeri enttäuscht dich nie

Wenn einem absolut nichts einfällt, was man sich mal Gutes gönnen kann – mit einem Flammeri geht's immer. Selbst wenn man von den paar Zutaten da unten nicht alles da hat. Kein Stärkemehl mehr? Dann nimmt man eben Reis oder Gries. Vanillezucker alle? Es geht auch mit Kakao, dann schmeckt's halt nach Schokolade, das mag man ja auch. Keine Zeit, noch eine Fruchtsoße herzustellen, weil gleich Einschluss ist? Egal, mit Fruchtsirup drüber schmeckt's ebenfalls. Das einzige, was man beim Flammeri falsch machen kann, ist drauf zu verzichten.

Zutaten
1/8 l Milch
1 Ei
2 EL Zucker
1 Päckchen Vanillezucker
2 EL Stärkemehl

Zubereitung
Milch, Zucker und Vanillezucker aufkochen. Stärkemehl mit etwas Milch anrühren und langsam einrühren. Eigelb mit der warmen Masse vermengen. Abkühlen lassen. Eiweiß zu Schnee schlagen und unter die erkaltete Masse heben.

Tipp von MM Mama Mälzer:
Wenn man das Flammeri in flache hitzebeständige Porzellanschälchen füllt, mit Rohrzucker bestreut, kühlt und dann mit einer Lötlampe karamellisiert, bekommt man die einfachste Form einer Crème Brulée. Achtung: den blauen, also heißesten Teil der Flamme auf den Zucker halten!

Kellogg's
CORN FLAKE
Prunus dulcis

KNUSPER HÄUFCHEN

Krrx…krrx…knxxx…hmmmm

Auch unter den Knusperhäufchen gibt es hunderte von Variationen, die aufzuzählen völlig unmöglich ist. Eine davon kennt jeder: Choco Crossies. Total lecker, oder? Nun stellen Sie sich einfach mal vor, dass diese kleinen schokoladigen Geröllhügel nicht aus der Packung kommen, sondern frisch zubereitet werden, mit gerade geschmolzener Schokolade. Dass sie nichts von dem Sojalecithin und Magermilchpulver enthalten, das auf der Packung steht. Und dass sie außerdem noch billiger sind. Genial, oder? Sie brauchen noch nicht mal in den Knast zu wandern, um sie sich zu gönnen.

Zutaten für ca. 50 Stück
500g Blockschokolade
100g Cornflakes

Zubereitung
Blockschokolade mit einem Tropfen Öl im Wasserbad verflüssigen, Cornflakes reinkippen, umrühren, die Portiönchen mit einem Esslöffel rausfischen, auf Backpapier legen und erkalten lassen. Fertig.

Tipp von MM Mama Mälzer:
Geben Sie Rosinen und Mandelblättchen mit hinein, und rösten Sie die Mandelblättchen vorher in einer Pfanne ohne Fett goldbraun. Der Hammer!

Brownies

BROWNIES

Sugar Babies

Brownies – die weltberühmten, super klebrigen, super saftigen amerikanischen Schokoladenkuchenstücke. Auf die will man auch hinter den Gefängnismauern nicht verzichten. Wozu auch? Man verzichtet eh schon so viel.

Zutaten

250 g Butter
250 g Zucker
1/2 TL Honig
4 Eier
1 Päckchen Vanillezucker
200 g Mehl
1/2 Päckchen Backpulver
1 Prise Salz
2 gehäufte EL Kakaopulver
125 g gehackte Haselnüsse oder Walnüsse, ohne Fett in der Pfanne geröstet
125 g grob gehackte Schokolade

Zubereitung

Backofen auf 180 °C* vorheizen. Ein kleines Backblech einfetten und mit Backpapier auslegen. Butter, Zucker und Vanillezucker schaumig schlagen. Eier unterrühren. Mehl, Backpulver, Salz und Kakao unterheben. Schokolade sowie Hasel- oder Walnüsse unterheben. Den Teig auf dem Blech verstreichen, evtl. mit dunkler Schokolade bestreuen und ca. 35 Minuten backen. Danach abkühlen lassen und in Rechtecke schneiden. (Oder auch in Dreiecke oder Sechsecke. Fünfecke sind in Santa Fu nicht so beliebt, weil sie stark an das sternförmige Gebäude erinnern, in dem man gerade sitzt.)

* Bei Umluftöfen reichen 150 bis 160 °C, weil die Brownies sonst zu dunkel werden.

DIE WUNDER WAFFEL

Einfach mal die Sorgen wegschlemmen

Ein phantastisches Gericht, das es in Santa Fu schon seit Jahren gibt. Allerdings nur in den Köpfen, als unerfüllter Wunschtraum. Der Grund: es gibt dort keine Waffeleisen. Jetzt ist endlich eines beantragt worden. Und die Gefangenen sind sich sicher: wenn dieses Buch erst einmal erschienen ist, wird das Waffeleisen genehmigt!

Frage von MM Mama Mälzer:

Lieber Herr Justizsenator, ich würde den Jungs gern ein schönes Waffeleisen schenken. Darf ich das?

Zutaten
200 g Butter oder Margarine
200 g Mehl
50 g Zucker
4 Eier
1/8 l Sahne
1 Prise Salz

Zubereitung
Eier und Zucker mit dem Rührgerät schaumig schlagen. Nacheinander die anderen Zutaten dazugeben. Mit einer Schöpfkelle die Masse in das heiße Waffeleisen geben und goldbraun backen. Ideal dazu sind unter anderem Sahne, heiße Kirschen, Vanille-Eis und Puderzucker.

Banane,
Zitrone

AFFENBROT

Selbstgebackenes aus Bananenteig

Was haben die Kicker des Karlsruher SC und die Knackis von Santa Fu gemeinsam? Ganz einfach: ihre Begeisterung für Bananenbrot, ein Kraft spendendes Power-Rezept aus Westafrika. Es gilt als Erfolgsrezept des KSC. Abwehrspieler Christian Eichner (‚Eiche') sagte in der »Heilbronner Stimme« dazu: »Wir haben uns immer wieder gefragt: Was kann man eine halbe Stunde vor dem Spiel, was kann man in der Halbzeit essen? Irgendetwas, was sich schnell im Körper umsetzt. Dann hatten wir kurz vor Saisonbeginn einen Ernährungsberater. Der hat uns nahe gelegt, es mal mit Bananenbrot zu probieren… Unser Clubhauswirt Saki macht jetzt unter der Woche ständig Bananenbrot für uns, manchmal auch unsere Mütter, Frauen oder Freundinnen…«
In Santa Fu machen es sich die Gefangenen selbst. Und futtern es, bevor sie im Kraftraum an die Expander gehen. Uuuuuaaaaaaaaaaaaaaaaaaaaaah!!!

Zutaten
4 reife Bananen
4 EL Pflanzenöl
100 g Zucker
1 Prise Salz
300 g Mehl
100 ml Milch
1 Päckchen Backpulver
1 Ei

Lob von MM Mama Mälzer:
Auch dies habe ich bei meiner Einladung zum Kochen und Essen in Santa Fu selbst probieren dürfen – war äußerst lecker.

Zubereitung
Die Bananen zerkleinern, Eier, Milch, Zucker, Salz, Öl und Backpulver hinzufügen und vermischen, zuletzt das Mehl unterrühren und den Teig danach in eine gefettete Backform geben. Bei 180° C im vorgeizten Backofen ca. 50 Minuten backen. Super lecker. Und toll sättigend.

alles Käse

O DU MEINE KÄSEKÖNIGIN

Bei so einer Torte fehl'n dir die Worte

Torten sind weiblich, es heißt ja auch die Torte, und allein der großmäulige Chauvi, der allen erzählt, was für eine Wahnsinns-Torte er letzte Nacht auf St. Pauli kennen gelernt hat, ist schon Beweis genug für das Geschlecht dieser Krönung des Konditorwesens. Im Knast, wo ein gewisser Männlichkeitswahn kulturprägend ist, weiß und spürt der Knacki das zutiefst. Wenn er eine Torte aus dem Ofen holt, lächelt er sie darum an, bevor er sie auf das Tablett legt, auf das er sie auch gar nicht legt, sondern bettet, zärtlich und liebevoll bettet, bevor er sie langsam und genussvoll vernascht. Man könnte eine Kerze entzünden…

Für den Mürbeteig
50 g Mehl
50 g Zucker
50 g Butter

Für die Füllung
500 g Quark
4 Eier + 2 Eigelb
30 g Zucker
1 Päckchen Vanillezucker
100 g Rosinen
ca. 4 cl Kaffeesahne
Saft einer halben Zitrone
Geriebene Zitronenschale (unbehandelt)

Und was sagt MM Mama Mälzer?
Dazu kann ich nichts sagen. Es ist einfach nur göttlich!

Zubereitung

Mürbeteig: Butter und Zucker schaumig schlagen, Mehl zufügen und alles gut durchkneten. Teig etwa einen halben Zentimeter stark ausrollen und in eine gefettete Springform geben. Ränder leicht erhöhen. Etwas Teig für die Schlussgarnierung aufheben.
Füllung: Alle restlichen Zutaten bis auf das Eiweiß mischen. Das Eiweiß schlagen, den entstandenen Eischnee vorsichtig unter die Quarkmasse heben. Die fertige Masse in die Form füllen, den restlichen Mürbeteig in Streifen schneiden und kreuzweise auf die Quarkmasse legen.
Den Kuchen bei mittlerer Hitze (etwa 165° im E-Herd) ca. 35 Minuten backen. Vor dem Öffnen der Springform gut auskühlen lassen. Zum Schluss mit Puderzucker bestäuben.

etWas KonfitÜRE
Pfannkuchen gibt es in vielen

DIE KANN-ROLLE

In diesen Pfannkuchen kann alles rein

Der Pfannkuchen. Alltäglich? Banal? O nein, im Gegenteil. Phänomenal! Seine unendlichen Möglichkeiten machen ihn zu wahren Festspielen für den Gaumen und zum idealen ROTEN TEPPICH für seine Stars, in den sie sich immer wieder begeistert einrollen. Die lustvollen Kirschen, das coole Vanilleeis, das geheimnisvolle Blaubeerkompott, die frechfrischen Apfelscheiben mit Zimt – alle rollen sich ein in den weltberühmten Bratpfannenteppich, jubelnd vor Freude über den in den Mündern ihrer zahllosen Fans wieder und wieder explodierenden Geschmack. Le Grande Pfannkuchen! Ein weltweites Gaumenfeuerwerk seit Jahrhunderten! So. Und nun stellen Sie sich bitte vor: ein solches Kann-Festival kann überall stattfinden. Im besten Restaurant. Bei Ihnen zuhause. Sogar im Knast. Und dass der rote Teppich gar nicht rot ist, sondern goldbraun und duftet, macht es nur noch schöner.

Zutaten für den Teig
200 g Mehl
250 g Magerquark
ca. 1/4 Liter Milch
3 Eier
Zucker nach Geschmack
1 Päckchen Vanillezucker
Evtl. Backpulver (dann wird's zum *dicken Pfannekuchen!*)
1 Prise Salz
Öl oder Butter zum Braten

Tipp von MM Mama Mälzer:

Ich mag Pfannkuchen am liebsten pikant. Ich esse ihn gerne mit Frischkäse, mit einer Spinat-Ricotta-Füllung – oder auch ganz frech mit Remoulade.

Frimi
H-Vollmilch
H-Vollmilch
Frimi
H-Vollmilch
Joghurt wird aus
Kuh- oder Schafsmilch
hergestellt

DIE KANN-ROLLE

Zubereitung des Teigs
Die Eier mit dem Zucker mischen und schaumig schlagen. Milch und Salz zugeben und mit Mehl unterrühren. Etwas geschmolzene Butter zufügen (der Pfannkuchen löst sich dann leichter aus der Pfanne). Ca. 15 Minuten quellen lassen.
Öl oder Butter erhitzen und etwa eine Kelle Teig in die Pfanne geben, so dass der Boden bedeckt ist. Wenn die Teigmasse auf der Oberseite beinahe erstarrt ist, wenden. Danach fertig braten, je Seite 4 bis 5 Minuten. Mit Puderzucker bestreuen, warm oder kalt servieren.

Haferflocken-Variante
Etwas weniger Mehl nehmen, dafür Haferflocken hinzutun. Die Flocken 20 Minuten vor dem Anrühren des Teigs in Milch einweichen. Danach mit verarbeiten. Zur besseren Aufnahme der Haferflocken etwas Speiseleinöl hinein geben.

Was alles in den Teig kann
Apfelringe, Rosinen, Banane, Kirschen, auch kleine Schokostückchen sind eine leckere Möglichkeit, es gibt so viel!

Was alles in die Rolle kann
Kirschen, Bockwurst, Marmelade, Senf, Ketchup, Röstzwiebeln, Himbeersirup, Apfelmus, Nutella, Erdnussbutter, Schlagsahne – alles! Nur das Süße und das Herzhafte sollte man einigermaßen getrennt halten. Obwohl es wahrscheinlich auch Verrückte auf der Welt gibt, die Nutella mit Senf mögen…

Spezieller Tipp der Kreativen Zellen
Füllen Sie den Pfannkuchen mit einer Mischung aus Mais, Zwiebeln, Kidneybohnen und Hack. Alles zusammen anbraten, sehr scharf würzen – und dann einrollen. Wahnsinn!

ARME RITTER

Was Leckeres für arme Knackis

In Santa Fu bekommen die Gefangenen zum Frühstück und Abendessen geschnittenes Weiß- und Graubrot. Das Brot kommt backfrisch aus der anstaltseigenen Bäckerei und ist von wirklich guter Qualität. Allerdings kann man es, wenn man im Moment keinen Hunger hat, nicht lange aufbewahren, da es keine Konservierungsstoffe enthält. Darum macht man gern Arme Ritter daraus. Das Gericht war schon im alten Rom bekannt und bis vor wenigen Jahrzehnten in ganz Europa verbreitet. Heute ist es ziemlich in Vergessenheit geraten. Die Kreativen Zellen würden sich sehr freuen, wenn dieses leckere Gericht mit ihrer Hilfe wieder bekannt wird. Schließlich trägt es auch dazu bei, dass man Brot nicht einfach wegschmeißt.

Zutaten

3 Eier
1/8 Liter Milch
1 Prise Salz
Butter
8 Scheiben Brot
Streuzucker

Tipp von MM Mama Mälzer:

Ich mag's mal wieder lieber herzhaft und empfehle, geriebenen Käse in die Eiermasse zu tun, mit ordentlich viel Pfeffer aus der Mühle.

Zubereitung

Eier, Milch und die Prise Salz in einem tiefen Teller verquirlen. Die Brotscheiben eintunken und in einer Pfanne von beiden Seiten mit heißer Butter goldbraun braten. Dann mit Zucker bestreuen. Alternativ kann man auch Zucker und Zimt, Marmelade, Nutella, Honig oder anderes Süßes nehmen.

ABGESANG

Am Ende unserer kulinarischen Reise durch die »Knastküche« möchten wir uns bei allen bedanken, die uns Gefangenen die kreative Mitarbeit an diesem Kochbuch ermöglichten und an uns glaubten. Wir empfanden die Zusammenarbeit mit allen Beteiligten als äußerst fruchtbar.

Ganz besonders bedanken möchten wir uns bei »MAMA MÄLZER« für ihre interessanten Tipps und ihre offene und kameradschaftliche Art, mit uns umzugehen.

Anregungen, Kritik und gute Ratschläge nehmen wir gern entgegen. Schreiben oder mailen Sie uns. Die Adresse finden Sie im Impressum. Dort bekommen Sie auch Informationen zu unseren anderen Santa-Fu-Produkten.

Ihre Kreativen Zellen der JVA Fuhlsbüttel, Haus IV

KLeIne
FISCHE
Mit rauchigem Knoblauchöl oder
Knoblauchbutter gepinselt schmecken
sie besonders delikat
Makrelenmousse:
Makrelenpfanne mit Tomaten
Fisch und Tomaten
ergänzen einander
harmonisch.
Diese Muschelart ist
sehr schmackhaft und

DANKE

Es ist sicher nicht alltäglich, dass Justizbeamte, Marketingleute und Strafgefangene sich zusammentun und gemeinsam ein Ei legen, aus dem am Ende ein Huhn mit Handschellen schlüpft. Darum ein großes Dankeschön an alle, die einfach mal über den Schatten ihrer Vorurteile gesprungen sind und dieses Buch durch eine äußerst frische, unkonventionelle Art der Zusammenarbeit möglich gemacht haben.

Die lobenswerten Täter sind:
Oliver P., Gefangener; Nasir Rasikh, Gefangener; Michael M., Gefangener; Sven Brauer, Gefangener; S.-O. Robertson, Mitglied Kreative Zellen; Christa Mälzer, Hamburger Gastronomin; Tatjana Huber, Justizvollzugsbeamtin; Betti Boelz, Justizvollzugsbeamtin; Antje Püst, Justizvollzugsbeamtin; Hellmut von Eitzen, Santa-Fu-Projektleiter, Justizbehörde, Strafvollzugsamt; Josef Schewe, Design-Agentur Schewestudio; Holger Güssefeld, Konzept-Agentur Somethink

Tätige Beihilfe haben geleistet:
Frau Knaack, JVA Fuhlsbüttel, stellv. Anstaltsleiterin; Frau Biermann, JVA Fuhlsbüttel, Leiterin Haus IV; Herr Böhmcke und Herr Körner, JVA Fuhlsbüttel, Druckerei; Herr Kohn, JVA Fuhlsbüttel, Buchbinderei; Horst Martin, Markenwerke GmbH; und alle anderen, die unser Buch positiv begleitet und im Geiste mitgekocht haben.

Christa Mälzer

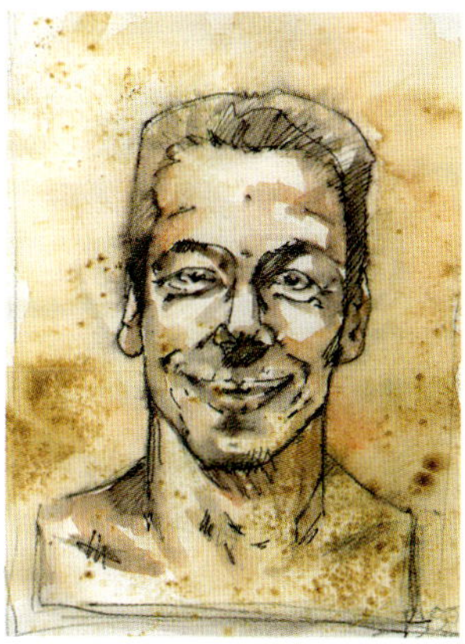
Olli P.

Nasir Rasikh

Sven Brauer: Freier Künstler, gefangen

Sven Brauer wurde 1961 geboren, machte nach der Schule eine Grafik-Ausbildung und ging danach in die Werbung, wo er in verschiedenen Agenturen und Verlagen 20 Jahre lang als Gestalter arbeitete. Doch sein eigentliches Herz schlug immer für die freie Kunst, die er mit dem verdienten Geld finanzierte und der er sich seit 2001 ganz widmet. Dabei nutzt er seine künstlerische Arbeit oft für soziale Projekte, die er selbst entwickelt und organisiert. Kreativen aus dem Drogen- und Obdachlosenmilieu bot er Gelegenheit, mit ihm zusammen auszustellen, auf seinen Vernissagen spielten Flüchtlinge und Bettler die Begleitmusik, als künstlerischer Leiter von St. Trinitatis im Problemstadtteil Altona band er die halbe Hartz 4 empfangende Nachbarschaft mit ein. Die Vermittlung von Kultur in bildungsferne Szenen ist zu seiner Passion geworden. »Jeder Mensch hat ein Recht auf Kultur« sagt er mit Nachdruck. Und fügt, auf seine neueste Illustration zeigend, lachend hinzu: »Und jedes Material hat das Recht, Teil eines Kunstwerks von mir zu werden. Diese Lavierung hab ich zum Beispiel mit Ruß, Kaffee, Holundersaft und Rote-Beete-Saft ausgeführt. Manchmal sind solche Sachen im Gefängnis nur leider nicht so einfach zu besorgen.«
Auf die Arbeiten, die er schaffen wird, wenn er als freier Mensch wieder Zugriff auf alle Materialien hat, darf man gespannt sein.

Ausstellungen und Projekte 2004 bis 2007 (Auszug)

Galerie Bernd Mensch, Hamburg, Gruppenausstellung

Galerie Schäfer, Hamburg, Einzelausstellung

Galerie von Sturm, Hamburg, ständige Präsentation

Galerie/Cafe Umsicht, Hamburg, Gruppenausstellung

Gemeinde der Bugenhagen Kirche, Hamburg, Einzelausstellung

Altonaer Seemannsmission, Hamburg, Einzelausstellung

Hauptkirche St. Trinitatis, Hamburg, 6 Gruppenausstellungen

Ausstellungen auf der Kunst-Altonale und bei St.-Pauli-Art

Planung und Organisation der »Nacht der Kirchen« in der Hauptkirche St. Trinitatis

Organisation einer Ausstellung mit Bildern von behinderten Jugendlichen

Mitorganisation und künstlerische Gestaltung eines Benefizkonzertes für Tsunami-Opfer

KNOBL
PAPRI

PFEFFE
Aroma

Die Justizvollzugsanstalt Hamburg-Fuhlsbüttel gehört zu den berühmt-berüchtigen Gefängnissen des Landes. Doch »Santa Fu« macht inzwischen auch ganz andere Schlagzeilen. Unter diesem Markennamen entwickeln die Gefängnisinsassen der Hansestadt nämlich in »Kreativen Zellen« kultverdächtige Produkte, die übers Internet (www.santa-fu.de) und ausgewählte Läden verkauft werden: Memory-Spiele mit Tätowierungen der Häftlinge, T-Shirts mit Aufdrucken wie »Noch unschuldig« oder »Auf Bewährung«, das Pflegeset »Bleib sauber!« mit echter Knastseife, ein Ausbrecherspiel namens »Alaarm!« und viele originelle Dinge mehr. Dieses Kochbuch ist nur eines davon.

Alle Produkte werden von den Insassen selbst entworfen, hergestellt oder zumindest bearbeitet, bedruckt oder verpackt. Das Projekt nutzt die Kreativität der Gefangenen, vermittelt ihnen Arbeitserfahrung, Selbstvertrauen und Motivation und trägt so zu ihrer Resozialisierung bei. Um das Label »Santa Fu« bekannt zu machen, arbeitet die Hamburger Justizbehörde

Santa Fu – Heisse Ware aus dem Knast

Ausgezeichnet von der Initiative »Deutschland – Land der Ideen« unter der Schirmherrschaft von Bundespräsident Horst Köhler.

mit privaten Marketing-, Werbe- und Vertriebsexperten zusammen. Der Clou: Die Knast-Produkte helfen zugleich den Opfern. Denn ein Teil ihres Erlöses fließt der Opfer-Hilfsorganisation »WEISSER RING c.V.« zu. Somit erleben die Gefangenen ihre Arbeit auch als ein Stück persönliche Wiedergutmachung. Die Kunden draußen wiederum haben die Chance, die Wiedereingliederung der Gefangenen durch den Kauf ihrer Waren aktiv zu begleiten.
Am 28. September 2007 wurde das Projekt von der Initiative »Deutschland – Land der Ideen« für seine besondere Kreativität ausgezeichnet. Zum Auftakt der Feierstunde spielte die Gefangenenband »Unchain my Heart…« von Joe Cocker, und Justizsenator Carsten Lüdemann ließ sich sogar beim Spielen des Ausbrecher-Spiels »Alaarm!« fotografieren.
Von den Medien wurde das Projekt kräftig gefeiert – und manchmal ein wenig verfälscht. Da stand dann zum Beispiel zu lesen, dass die Ideen ausschließlich von Gefangenen kommen. Nein, man muss nicht übertreiben. Die Idee zu diesem Kochbuch ist zwar zu hundert Prozent im Kopf eines Gefangenen entstanden, aber bei anderen Produkten haben z. B. auch Vollzugsbeamte Vorschläge beigesteuert, oder Mitarbeiter des Strafvollzugsamtes, oder Marketing-Experten, die die Gefangenen bei ihren Brainstormings coachen. Es gibt keinerlei Gesetze, wer Ideen beisteuern darf und wer nicht. Folge ist, dass bei besonders viel versprechenden Ansätzen plötzlich überall die grauen Zellen aktiv werden und Slogans oder Verpackungsideen entwickeln, die dann mit den Gefangenen abgestimmt und weitergesponnen werden. In der Knastdruckerei, auf dem Behördenflur, in der Verwaltungskantine, in den Zellen der Gefangenen, überall wird plötzlich entwickelt und erfunden.
Und genau so ist es gewollt. Denken und erfinden ohne Vorurteile, Zusammenarbeit über die psychologischen und sozialen Grenzen hinweg. Und dabei ganz neben bei Kreativität einüben. Das ist ein Kreativitätsförderungs-Projekt nicht nur für die Gefangenen, sondern für alle Beteiligten.
Wir würden uns wünschen, dass unser Projekt im ganzen Land Schule macht und schon bald weitere Früchte trägt für Deutschland – Land der Ideen.

IMPRESSUM

Justizbehörde Strafvollzugsamt
– Kreative Zellen –
Postfach 302822 · 20310 Hamburg
Email: santa-fu-produkte@ justiz.hamburg.de

Weitere Produkte des Projektes siehe unter:
www.santa-fu.de

Die Deutsche Bibliothek verzeichnet diese
Publikation in der Deutschen Nationalbibliografie;
detaillierte bibliografische Daten sind im Internet
unter http://dnb.ddb.de abrufbar.

2. Auflage 2009

Hohenlohestraße 21
28209 Bremen
Tel. 0421-34843-0
Fax 0421-348094
info@edition-temmen.de
www.edition-temmen.de

Gesamtherstellung: EDITION TEMMEN
ISBN 978-3-86108-899-8